ESSAI
SUR LA GÉOGRAPHIE MINÉRALOGIQUE
DES ENVIRONS DE PARIS.

PAR MM. G. CUVIER ET ALEX. BRONGNIART.

La contrée dans laquelle cette capitale est située est peut-être l'une des plus remarquables qui aient encore été observées, par la succession des divers terrains qui la composent, et par les restes extraordinaires d'organisations anciennes qu'elle récèle; des milliers de coquillages marins avec lesquels alternent régulièrement des coquillages d'eau douce, en font la masse principale; des ossemens d'animaux terrestres entièrement inconnus, même par leurs genres, en remplissent certaines parties; d'autres ossemens d'espèces considérables par leur grandeur, et dont nous ne trouvons quelques congénères que dans des pays fort éloignés, sont épars dans les couches les plus superficielles; un caractère très-marqué d'une grande irruption venue du sud-est, est empreint dans les formes des caps et les directions des vallées; en un mot, il n'est point de canton plus capable de nous instruire sur les dernières révolutions qui ont terminé la formation de nos continens.

Ce pays a cependant été fort peu étudié sous ce point de

vue ; et quoique depuis si long-temps il soit habité par tant d'hommes instruits, ce que l'on en a écrit se réduit à quelques essais fragmentaires, et presque tous ou purement minéralogiques, sans aucun égard aux fossiles organisés, ou purement zoologiques, et sans égard à la position de ces fossiles.

Un Mémoire de Lamanon sur les gypses et leurs ossemens fait peut-être seul exception à cette classification; et cependant nous devons reconnoître que l'excellente description de Montmartre, par M. Desmarets; les renseignemens donnés par le même savant sur le bassin de la Seine, dans l'Encyclopédie méthodique; l'essai minéralogique sur le département de Paris, par M. Gillet-Laumont ; les grandes et belles recherches sur les coquilles fossiles de ses environs, par M. de Lamarck; et la description géologique de la même contrée, par M. Coupé, ont été consultés par nous avec fruit, et nous ont plusieurs fois dirigés dans nos voyages.

Nous pensons cependant que le travail dont nous présentons ici la première ébauche, ne sera point sans intérêt, après tous ceux que nous venons de citer.

Par la nature de leur objet, nos courses devoient être limitées selon l'espèce du terrain, et non pas d'après les distances arbitraires.

Nous avons donc dû d'abord déterminer les bornes physiques du canton que nous voulions étudier.

Le bassin de la Seine est séparé, pendant un assez grand espace, de celui de la Loire, par une grande plaine élevée, dont la plus grande partie porte vulgairement le nom de Beauce, et dont la portion moyenne et la plus sèche s'étend du nord-ouest au sud-est, sur un espace de plus de quarante lieues, depuis Courville jusqu'à Montargis.

Cette plaine s'appuie vers le nord-ouest à un pays plus élevé qu'elle, et surtout beaucoup plus coupé, dont les rivières d'Eure, d'Aure, d'Ilon, de Rille, d'Orne, de Mayenne, de Sarte, d'Huine et de Loir tirent leurs sources; pays dont la partie la plus élevée, qui est entre Seez et Mortagnes, formoit autrefois la province du Perche et une partie de la Basse-Normandie, appartient aujourd'hui au département de l'Orne.

La ligne de séparation physique de la Beauce et du Perche passe à-peu-près par les villes de Bonnevalle, Alluye, Iliers, Courville, Pontgouin et Verneuil.

De tous les autres côtés, la plaine de Beauce domine ce qui l'entoure.

Sa chûte du côté de la Loire ne nous intéresse pas pour notre objet.

Celle du côté de la Seine se fait par deux lignes, dont l'une à l'occident regarde l'Eure, et l'autre à l'orient regarde la Seine.

La première va de Dreux vers Mantes.

L'autre part d'auprès de Mantes, passe par Marly, Meudon, Palaiseau, Marcoussy, la Ferté-Alais, Fontainebleau, Nemours, etc.

Mais il ne faut pas se représenter ces deux lignes comme droites ou uniformes: elles sont au contraire sans cesse inégales, déchirées; de manière que si cette vaste plaine étoit entourée d'eau, ses bords offriroient des golfes, des caps, des détroits, et seroient partout environnés d'îles et d'îlots.

Ainsi dans nos environs la longue montagne où sont les bois de Saint-Cloud, de Ville-d'Avray, de Marly et des Aluets; et qui s'étend depuis Saint-Cloud jusqu'au confluent de la rivière de Maulde dans la Seine, feroit une île séparée du reste par le détroit où est aujourd'hui Versailles, la petite vallée de Sèvres et la grande vallée du parc de Versailles.

L'autre montagne, en forme de feuille de figuier, qui porte Bellevue, Meudon, les bois de Verrière, ceux de Chaville, formeroit une seconde île séparée du continent par la vallée de Bièvre et celle des coteaux de Jouy.

Mais ensuite depuis Saint-Cyr jusqu'à Orléans, il n'y a plus d'interruption complète, quoique les vallées où coulent les rivières de Bièvre, d'Ivette, d'Orge, d'Etampes, d'Essonne et de Loing entament profondément le continent du côté de l'est, celles de Vesgre, de Voise et d'Eure du côté de l'ouest.

La partie de la côte la plus déchirée, celle qui présenteroit le plus d'écueils et d'îlots, est celle qui porte vulgairement le nom de Gâtinois françois, et surtout sa portion qui comprend la forêt de Fontainebleau.

Les pentes de cet immense plateau sont en général assez rapides, et tous les escarpemens qu'on y voit, ainsi que ceux des vallées, et les puits que l'on creuse dans le haut pays, montrent que sa nature physique est la même partout, et qu'elle est formée d'une masse prodigieuse de sable fin qui recouvre toute cette surface, passant sur tous les autres terrains ou plateaux inférieurs sur lesquels cette grande plaine domine.

Sa côte qui regarde la Seine depuis la Mauldre jusqu'à Nemours, formera donc la limite naturelle du bassin que nous avons à examiner.

De dessous ses deux extrémités, c'est-à-dire vers la Mauldre et un peu au-delà de Nemours, sortent immédiatement deux portions d'un plateau de craie qui s'étend en tout sens et à une grande distance pour former toute la Haute-Normandie, la Picardie et la Champagne.

Les bords intérieurs de cette grande ceinture, lesquels passent du côté de l'est par Montereau, Sézanne, Épernay; de celui de l'ouest, par Montfort, Mantes, Gisors, Chaumont, pour se rapprocher de Compiègne, et qui font au nord-est un angle considérable qui embrasse tout le Laonnois, complètent, avec la côte sableuse que nous venons de décrire, la limite naturelle de notre bassin.

Mais il y a cette grande différence, que le plateau sableux qui vient de la Beauce est supérieur à tous les autres, et par conséquent le plus moderne, et qu'il finit entièrement le long de la côte que nous avons marquée; tandis qu'au contraire le plateau de craie est naturellement plus ancien et inférieur à tous les autres; qu'il ne fait que cesser de paroître au dehors le long de la ligne de circuit que nous venons d'indiquer, mais que loin d'y finir, il s'y enfonce visiblement sous tous les autres; qu'on le retrouve partout où l'on creuse ces derniers assez profondément, et que même il s'y relève dans quelques endroits, et s'y reproduit pour ainsi dire en les perçant.

On peut donc se représenter que les matériaux qui composent le bassin de Paris, dans le sens où nous le limitons, ont été déposés dans un vaste espace creux, dans une espèce de vaste golfe dont les côtes étoient de craie.

Ce golfe faisoit peut-être un cercle entier, une espèce de grand lac; mais nous ne pouvons pas le savoir, attendu que ses bords du côté sud-ouest ont été recouverts, ainsi que les matériaux qu'ils contenoient, par le grand plateau sableux dont nous avons parlé d'abord.

Au reste ce grand plateau sableux n'est pas le seul qui ait recouvert la craie.

Il y en a plusieurs en Champagne et en Picardie qui, quoique plus petits, sont de même nature, et peuvent avoir été formés en même temps. Ils sont placés comme lui immédiatement sur la craie, dans les endroits où celle-ci étoit assez haute pour ne point se laisser recouvrir par les matériaux du bassin de Paris.

Nous décrirons d'abord la *craie*, la plus ancienne des matières que nous ayons dans nos environs.

Nous terminerons par le plateau sableux, le plus nouveau de nos produits géologiques.

Nous traiterons entre ces deux extrêmes des matières moins étendues, mais plus variées, qui avoient rempli la grande cavité de la craie, avant que le plateau de sable se déposât sur les unes comme sur l'autre.

Ces matières peuvent se diviser en deux étages.

Le premier, qui couvre la craie partout où elle n'étoit pas assez élevée, et qui a rempli tout le fond du golfe, se subdivise lui-même en deux parties égales en niveau, et placées non pas l'une sur l'autre, mais bout à bout; savoir:

Le plateau de calcaire siliceux non coquillier;

Le plateau de calcaire grossier coquillier.

Nous connoissons assez les limites de cet étage du côté de la craie, parce que celle-ci ne le recouvre point; mais ces mêmes limites sont masquées en plusieurs endroits par le second étage, et par le grand plateau sableux qui forme le troisième, et qui recouvre une grande partie des deux autres.

Le second étage se nommera gypso-marneux.

Il n'est pas répandu généralement, mais seulement d'espace

en espace et comme par taches; encore ces taches sont-elles très-différentes les unes des autres par leur épaisseur et par les détails de leur composition.

Ces deux étages intermédiaires, aussi bien que les deux étages extrêmes, sont recouverts, et tous les vides qu'ils ont laissés sont en partie remplis par une cinquième sorte de terrain, mélangé aussi de marne et de silice, et que nous appelons terrain d'eau douce, parce qu'il fourmille de coquille d'eau douce seulement.

Telles sont les grandes masses dont notre canton se compose et qui en forment les différens étages. Mais en subdivisant chaque étage, on peut arriver encore à plus de précision, et l'on obtient des déterminations minéralogiques plus rigoureuses, qui donnent jusqu'à dix genres distincts de couches, dont nous allons présenter d'abord une énumération rapide.

ARTICLE PREMIER. — *Formation de la craie.*

La craie forme aux environs de Paris, comme dans presque tous les lieux où on l'a observée, une masse dans laquelle les assises sont souvent si peu distinctes, qu'on douteroit presque qu'elle ait été formée par lits, si l'on n'y voyoit ces bancs interrompus de silex qui, par leur position parfaitement horizontale, leur parallélisme, leur continuité et leur fréquence, indiquent des dépôts successifs et presque périodiques.

Leur distance respective varie suivant les lieux : à Meudon ils sont à environ deux mètres l'un de l'autre, et l'espace compris entre ces deux lits de silex ne renferme aucun morceau isolé de cette pierre. A Bougival, les bancs sont éloignés et les silex beaucoup moins nombreux.

La craie qui les renferme n'est pas de la chaux carbonatée pure; elle contient, suivant M. Bouillon-la-Grange, environ

0,11 de magnésie, et 0,19 de silice, dont la plus grande partie est à l'état de sable qu'on peut séparer par le lavage.

Les fossiles qu'on y trouve sont peu nombreux en comparaison de ceux qu'on observe dans les couches de calcaire grossier qui recouvrent la craie presque immédiatement; mais ils sont entièrement différens de ces fossiles, non-seulement par les espèces, mais même par les genres.

En réunissant ceux que nous avons observés par nous-mêmes avec ceux qui ont été recueillis par M. Defrance, nous porterons à cinquante le nombre des espèces de fossiles que nous connoissons dans la craie des terrains qui sont l'objet de notre étude.

Les espèces de ces fossiles n'ont pas été encore toutes déterminées; et nous en donnerons dans nos Mémoires détaillés l'énumération et la détermination exacte: nous nous contenterons de dire ici qu'on y trouve,

Deux lituolites;

Trois vermiculaires;

Des belemnites qui, suivant M. Defrance, sont différentes de celle qui accompagne les ammonites du calcaire compacte;

Des fragmens de coquille qui, par leur forme tubulaire et leur structure fibreuse, ne peuvent être rapportés qu'au genre *pinna*; mais si on déduit de l'épaisseur de ces fragmens la grandeur des individus auxquels ils devoient appartenir, on conclura que ces testacés devoient être monstrueux. Nous avons mesuré des morceaux qui avoient 12 millimètres d'épaisseur, tandis que l'épaisseur des plus grandes espèces de *pinna* connues n'est que de 2 millimètres.

Une moule;

Deux huîtres;

Une espèce du genre peigne;
Une cranie;
Trois térébratules;
Un spirorbis;
Des ananchites dont l'enveloppe crustacée est restée calcaire et a pris la texture spathique, tandis que le milieu seul est changé en silex;
Des porpytes;
Cinq à six polypiers différens : un d'entre eux paroît appartenir au genre *caryophyllæa* ; un autre au genre *millepora*. Ce dernier est ordinairement brun et à l'état de fer oxidé, résultant de la décomposition des pyrites.
Enfin des dents de squales.

Nous ferons observer avec M. Defrance, qu'on n'a encore trouvé dans la craie aucune coquille univalve à spire simple et régulière. Ce fait est d'autant plus remarquable, que nous allons rencontrer ces coquilles en grande abondance, quelques mètres au-dessus de la craie, dans des couches également calcaires, mais d'une structure différente.

Parmi les carrières et montagnes de craie que nous avons visitées, nous citerons *Meudon*. La craie n'y est point à nu; elle est recouverte par l'argile plastique et par le calcaire grossier.

La partie supérieure de cette masse est comme brisée, et présente une espèce de brèche dont les fragmens sont de craie et les intervalles d'argile.

La partie la plus élevée de la masse de craie nous a paru être au-dessus de la Verrerie de Sèvres. Elle est à 15 mètres au-dessus de la Seine. Cette disposition relève toutes les couches de terrain qui la surmontent, et semble en même temps en diminuer l'épaisseur. La masse de pierre s'incline sensiblement du côté de la rivière.

A *Bougival*, près Marly, la craie est presque à nu dans quelques points, n'étant recouverte que par des pierres calcaires d'un grain assez fin, mais en fragmens plus ou moins gros et disséminés dans un sable marneux, qui est presque pur vers le sommet.

Au milieu de ces fragmens, on trouve des géodes d'un calcaire blanc-jaunâtre, compacte, à grain fin, avec des lames spathiques et de petites cavités tapissées de très-petits cristaux de chaux carbonatée. La pâte de ces géodes renferme une multitude de petites coquilles univalves à spire, ce qui paroît prouver que ce calcaire n'appartient pas à la formation des craies.

Parmi ces géodes, nous en avons trouvé une qui présentoit une vaste cavité tapissée de cristaux limpides, allongés et aigus, ayant plus de deux centimètres de longueur.

La division mécanique seule, nous a appris que ces cristaux appartenoient à l'espèce de la strontiane sulfatée, et un examen plus attentif de leur forme nous a fait connoître qu'ils constituoient une variété nouvelle. M. Haüy, auquel nous l'avons communiquée, l'a nommée *strontiane sulfatée apotome*.

Ces cristaux offrent des prismes rhomboïdaux à quatre pans, dont les angles sont les mêmes que ceux du prisme des variétés unitaire, émoussée, etc., c'est-à-dire 77 d. 2′ et 102 58. Ils sont terminés par des pyramides à quatre faces et très-aigues. L'angle d'incidence des faces de cette pyramide sur les pans adjacens est de 161 d. 16′. Les faces sont produites par un décroissement par deux rangées à gauche et à droite de l'angle E de la molécule soustractive. C'est une loi qui n'avoit pas encore été reconnue dans les variétés de strontiane sulfatée étudiées jusqu'à ce jour. Son signe sera $\acute{E}\ \acute{E}^1\ \cdot E$.

Les cristaux de strontiane observés jusqu'à présent aux environs de Paris, sont extrêmement petits, et tapissent les parois de quelques-unes des géodes de strontiane qu'on trouve dans les marnes vertes de la formation gypseuse; mais on n'en avoit point encore vu d'aussi volumineux et d'aussi nets.

Art. ii. — *Formation de l'argile plastique.*

Presque toute la surface de la masse de craie est recouverte d'une couche d'argile plastique qui a des caractères communs fort remarquables, quoiqu'elle présente dans divers points des différences sensibles.

Cette argile est onctueuse, tenace, renferme de la silice, mais très-peu de chaux; ensorte qu'elle ne fait aucune effervescence avec les acides. Elle est même absolument infusible au feu de porcelaine, lorsqu'elle ne contient point une trop grande quantité de fer.

Elle varie beaucoup en couleur; il y en a de très-blanche (à Moret, dans la forêt de Dreux); de grise (à Montereau; à Houdan, à Condé); de jaune (à Houdan: abondant en la forêt de Dreux); de gris-ardoisé pur, de gris-ardoisé mêlé de rouge, et de rouge presque pur (dans tout le sud de Paris, depuis Gentilly jusqu'à Meudon).

Cette argile plastique est, selon ses diverses qualités, employée à faire ou de la faïence fine, ou des grès, ou des creusets et des étuis à porcelaine, ou bien enfin de la poterie rouge qui a la dureté du grès lorsqu'on peut la cuire convenablement. Elle n'est jamais ni effervescente ni fusible. Sa couleur rouge, les grains pyriteux, les portions de silex, les petits fragmens de craie et les cristaux de sélénite qu'elle renferme quelquefois, sont les seuls défauts qu'on y trouve.

Cette couche varie beaucoup d'épaisseur : dans quelques parties, elle a jusqu'à 16 mètres et plus; dans d'autres, elle ne forme qu'un lit mince d'un ou deux décimètres.

Il paroît presque sûr qu'on ne trouve aucun fossile ni marin, ni terrestre dans cette argile, du moins n'en avons nous vu aucun ni dans les différentes couches que nous avons observées en place, ni dans les amas considérables que nous avons examinés à plusieurs reprises dans les nombreuses manufactures qui en font usage; enfin les ouvriers qui exploitent cette argile au sud de Paris, nous ont assuré n'y avoir jamais rencontré ni coquilles, ni ossemens, ni bois, ni végétaux.

Dolomieu qui a reconnu ce même banc d'argile entre la craie et le calcaire grossier, dans l'anse que forme la Seine en face de Rolleboise (1), dit, à la vérité, qu'on y a trouvé des fragmens de bois bitumineux, et qu'on les avoit même pris pour de la houille; mais il fait observer que ces petites portions de lignite ont été trouvées dans des parties éboulées du banc qui avoient pu les envelopper à une époque postérieure au dépôt primitif de cette argile.

Les lieux que nous avons cités plus haut prouvent que ce banc d'argile a une très-grande étendue, et qu'il conserve dans toute cette étendue ses principaux caractères de formation et de position.

Si nous comparons les descriptions que nous venons de donner des couches de craie et des couches d'argile plastique,

_____
(1) Jour. des Mines n.° 9, p. 45.

nous remarquerons, 1.° que non-seulement on ne trouve dans l'argile aucun des fossiles qu'on rencontre dans la craie, mais qu'on n'y trouve même aucun fossile; 2.° qu'il n'y a point de passage insensible entre la craie et l'argile, puisque les parties de la couche d'argile les plus voisines de la craie ne renferment pas plus de chaux que les autres parties.

Il nous semble qu'on peut conclure de ces observations, premièrement, que le liquide qui a déposé la couche d'argile plastique étoit très-différent de celui qui a déposé la craie, puisqu'il ne contenoit point sensiblement de chaux carbonatée, et qu'il n'y vivoit aucun des animaux qui habitoient dans les eaux qui ont déposé la craie;

Secondement, qu'il y a eu nécessairement une séparation tranchée, et peut-être même un long espace de temps, entre le dépôt de la craie et celui de l'argile, puisqu'il n'y a aucune transition entre ces deux sortes de terrain. L'espèce de brèche à fragment de craie et pâte d'argile que nous avons remarquée à Meudon, semble même prouver que la craie étoit déjà solide, lorsque l'argile s'est déposée. Cette terre s'est insinuée entre les fragmens de craie produits à la surface du terrain crayeux par le mouvement des eaux ou par toute autre cause.

Les deux sortes de terrain que nous venons de décrire ont donc été produites dans des circonstances tout-à-fait différentes et même bien tranchées. Elles sont le résultat des formations les plus distinctes et les plus caractérisées qu'on puisse trouver dans la géognosie, puisqu'elles diffèrent par la nature chimique, par le genre de stratification, et surtout par celui des fossiles qu'on y rencontre.

Art. iii.— *Formation du sable et du calcaire grossier.*

Le calcaire grossier ne recouvre pas toujours l'argile immédiatement ; il en est souvent séparé par une couche de sable plus ou moins épaisse. Nous ne pouvons dire si ce sable appartient à la formation du calcaire ou à celle de l'argile. Nous n'y avons pas trouvé de coquilles dans les endroits peu nombreux où nous l'avons observé, ce qui le rattacheroit à la formation argileuse; mais la couche calcaire la plus inférieure étant ordinairement sablonneuse et toujours remplie de coquilles, nous ne savons pas encore si ce sable est différent du premier, ou si c'est le même dépôt. Ce qui nous feroit soupçonner qu'il est différent, c'est que le sable des argiles que nous avons vues, est généralement assez pur, quoique coloré en rouge ou en gris bleuâtre. Il est réfractaire et souvent à très-gros grains.

La formation calcaire prise de ce sable est composée de couches alternatives, de calcaire grossier plus ou moins dur, de marne argileuse et même d'argile feuilletée en couche très mince, et de marne calcaire; mais il ne faut pas croire que ces divers bancs y soient placés au hasard et sans règles : ils suivent toujours le même ordre de superposition dans l'étendue considérable de terrain que nous avons parcourue. Il y en a quelquefois plusieurs qui manquent ou qui sont très-minces; mais celui qui étoit inférieur dans un canton, ne devient jamais supérieur dans un autre.

Cette constance dans l'ordre de superposition des couches les plus minces, et sur une étendue de 12 myriamètres au moins, est, selon nous, un des faits les plus remarquables que nous ayons constatés dans la suite de nos recherches. Il doit en résulter pour les arts et pour la géologie des conséquences d'autant plus intéressantes, qu'elles sont plus sûres.

Le moyen que nous avons employé pour reconnoître au milieu d'un si grand nombre de lits calcaires, un lit déjà observé dans un canton très-éloigné, est pris de la nature des fossiles renfermés dans chaque couche : ces fossiles sont toujours généralement les mêmes dans les couches correspondantes, et présentent des différences d'espèces assez notables d'un système de couche à un autre système. C'est un signe de reconnoissance qui jusqu'à présent ne nous a pas trompés.

Il ne faut pas croire cependant que la différence d'une couche à l'autre soit aussi tranchée que celle de la craie au calcaire. S'il en étoit ainsi, on auroit autant de formations particulières ; mais les fossiles caractéristiques d'une couche deviennent moins nombreux dans la couche supérieure, et disparoissent tout-à-fait dans les autres, ou sont remplacés peu à peu par de nouveaux fossiles qui n'avoient point encore paru.

Nous allons indiquer, en suivant cette marche, les principaux systèmes de couche qu'on peut observer dans le calcaire grossier. On trouvera dans nos Mémoires suivans la description complète, lit par lit, des nombreuses carrières que nous avons observées pour tirer les résultats que nous présentons ici d'une manière générale.

Les couches les plus inférieures de la formation calcaire sont les plus caractérisées : elles sont très-sablonneuses et souvent même plus sablonneuses que calcaires. Quand elles sont solides, elles se décomposent à l'œil, et tombent en poussière : aussi cette pierre n'est-elle point susceptible d'être employée.

Le calcaire coquillier qui la compose et même le sable qui la remplace quelquefois, renferment presque toujours de la terre verte en poudre ou en grain. Cette terre, d'après les essais que nous en avons faits, est analogue par sa composition à la chlorite baldogée ou terre de Vérone. Elle doit sa couleur au fer; elle ne se trouve que dans les couches inférieures : on n'en voit ni dans la craie, ni dans l'argile, ni dans les couches calcaires moyennes ou supérieures, et on peut regarder sa présence comme l'indice sûr du voisinage de l'argile plastique, et par conséquent de la craie. Mais ce qui caractérise encore plus particulièrement ce système de couche, c'est la quantité prodigieuse de coquilles fossiles qu'il renferme. Pour donner une idée du nombre d'espèces que ces couches contiennent, il suffira de dire que M. Defrance y a trouvé plus de six cents espèces, qui ont été toutes décrites par M. de Lamarck.

Nous ferons remarquer que la plupart de ces coquilles s'éloignent beaucoup plus des espèces vivantes actuellement, que celles des couches supérieures. Nous citerons, parmi les fossiles particuliers à ces couches inférieures, des pétoncles, des solens, des huîtres, des moules, de pinnes, des calyptrées, des pyrules, de grandes tellines allongées à côtes, des térébelles, des porpytes, des madrépores, et notamment des nummulites et des fungites.

Telles sont les coquilles les plus caractéristiques de cette couche. Nous devons faire remarquer que ce n'est point dans le dépôt particulier de Grignon que nous avons pris les exemples que nous venons de citer; ces exemples n'eussent point caractérisé le système de couches que nous voulons faire reconnoître : nous les avons choisis dans les carrières de

Sèvres, de Meudon, d'Issy, de Vaugirard, de Gentilly; dans les couches de Guespelle, dans celles de Lallery près Chaumont, etc.

C'est dans cette même couche qu'on trouve les camérines. Elles y sont ou seules ou mêlées avec les madrépores et les coquilles précédentes. Elles sont toujours les plus inférieures, et par conséquent les premières qui se soient déposées sur la formation de craie; mais il n'y en a pas partout. Nous en avons trouvé près Villers-Cotteret, dans le vallon de Vaucienne; à Chantilly, à la descente de la montagne. Elles y sont mêlées avec des coquilles très-bien conservées et avec de gros grains de quartz qui forment de cette pierre une sorte de poudingue; au mont Ganelon près Compiègne; au mont Ouin près de Gisors, etc.

Un autre caractère particulier aux coquilles de cette couche, c'est qu'elles sont la plupart bien entières et bien conservées, qu'elles se détachent facilement de leur roche, et qu'enfin beaucoup d'entre elles ont conservé leur état nacré. C'est dans tous les lieux précédens et dans d'autres moins remarquables que nous avons reconnu que les couches calcaires sablonneuses qui renferment ces coquilles, suivent immédiatement l'argile plastique qui recouvre la craie; et c'est par ces observations multipliées que nous avons constaté la généralité de la règle que nous venons d'établir.

Les autres systèmes de couches sont moins distincts, et nous n'avons pu encore terminer le dépouillement des nombreuses observations que nous avons faites pour établir avec précision la succession des différens fossiles qui doivent les caractériser : nous pouvons cependant annoncer que d'après l'inspection des carrières du midi et de l'ouest de Paris, de-

3

puis Gentilly jusqu'à Villepreux et Saint-Germain, les couches supérieures à celles que nous venons de décrire se succèdent dans l'ordre suivant.

1.º Un banc tendre ayant souvent une teinte verdâtre, ce qui l'a fait nommer *banc vert* par les ouvriers. Il présente fréquemment à sa partie inférieure des empreintes brunes de feuilles et de tiges de végétaux.

2.º Des bancs gris ou jaunâtres, tantôt tendres, tantôt très-durs et renfermant principalement des vénus arrondies, des ampullaires et surtout des cérites tuberculées qui y sont quelquefois en quantité prodigieuse. La partie supérieure et moyenne de ce banc, souvent fort dure, est employée comme très-bonne pierre à bâtir, et connue sous le nom de *roche*.

3.º Enfin et vers le haut règne un banc peu épais, mais dur, qui est remarquable par la quantité prodigieuse de petites tellines allongées et striées qu'il présente dans ses fissures horizontales. Ces tellines y sont couchées à plat et serrées les unes contre les autres. Elles sont généralement blanches.

Au-dessus de ces dernières couches de calcaire grossier, viennent les marnes calcaires dures, se divisant par fragmens dont les faces sont ordinairement couvertes d'un enduit jaune et de dendrites noires. Ces marnes sont séparées par des marnes calcaires tendres, par des marnes argileuses et par du sable calcaire, qui est quelquefois agglutiné, et qui renferme des silex cornés à zones horizontales. Nous rapportons à ce système la couche des carrières de Neuilly, dans laquelle on trouve des cristaux de quartz et des cristaux rhomboïdaux de chaux carbonatée diverse.

Mais ce qui caractérise plus particulièrement ce dernier système de couche de la formation calcaire, c'est l'absence de toute coquille et de tout autre fossile.

Il résulte des observations que nous venons de rapporter, 1.° que les fossiles du calcaire grossier ont été déposés lentement et dans une mer tranquille, puisque ces fossiles y sont déposés par couches régulières et distinctes; qu'ils ne sont point mêlés indistinctement, et que la plupart y sont dans un état de conservation parfait, quelque délicate que soit leur structure; que les pointes même des coquilles épineuses sont très-souvent entières; 2.° que ces fossiles sont entièrement différens de ceux de la craie; 3.° qu'à mesure que les couches de cette formation se déposoient, le nombre des espèces de coquilles alloit toujours en diminuant, jusqu'au moment où l'on n'en trouve plus. Les eaux qui formoient ces couches, ou n'en ont plus renfermé depuis, ou ont perdu la propriété de lesconserver.

Certainement les choses se passoient dans ces mers bien autrement qu'elles ne se passent dans nos mers actuelles: dans celles-ci, il ne se forme plus de couches; les espèces de coquilles y sont toujours les mêmes, dans les mêmes parages. On ne voit pas, par exemple, que depuis le temps où l'on pêche des huitres sur la côte de Cancale, ces coquilles aient disparu pour être remplacées par d'autres espèces.

Art. iv. — *Formation gypseuse.*

Le terrain dont nous allons tracer l'histoire est un des exemples les plus clairs de ce que l'on doit entendre par formation. On va y voir des couches très-différentes les unes des autres par leur nature chimique, mais évidemment formées ensemble.

Le terrain que nous nommons gypseux n'est pas seulement

composé de gypse, il consiste en couches alternatives de gypse et de marne argileuse et calcaire. Ces couches ont suivi un ordre de superposition qui a été toujours le même dans la grande bande gypseuse que nous avons étudiée, et qui s'étend depuis Meaux jusqu'à Triel et Grisy. Quelques couches manquent dans certains cantons; mais celles qui restent sont toujours dans la même position respective.

Le gypse est placé immédiatement au-dessus du calcaire; et il n'est pas possible de douter de cette superposition. La position des carrières de gypse de Clamart, de Meudon, de Ville-d'Avray, au-dessus du calcaire grossier qu'on exploite aux mêmes lieux; celle des carrières de la montagne de Triel, dont la superposition est encore plus évidente; enfin un puits creusé dans le jardin de M. Lopès, à Fontenay-aux-Roses, et qui a traversé d'abord le gypse et ensuite le calcaire, sont des preuves plus que suffisantes de la position du gypse sur le calcaire.

Les collines et buttes gypseuses ont un aspect particulier qui les fait reconnoître de loin; comme elles sont toujours placées sur le calcaire, elles forment sur les collines les plus hautes, comme une seconde colline allongée ou conique, mais toujours distincte.

Nous ferons connoître les détails de cette formation, en prenant pour exemple les montagnes qui présentent l'ensemble de couches le plus complet; et quoique Montmartre ait été déjà bien visité, c'est encore l'exemple le meilleur et le plus intéressant que nous puissions choisir.

On reconnoît tant à Montmartre que dans les collines qui semblent en faire la suite, trois masses de gypse. La plus inférieure est composée de couches alternatives et peu épaisses de gypse souvent séléniteux, de marnes calcaires solides et de marnes argileuses très-feuilletées. C'est dans les premières que se voient principalement les gros cristaux de gypse jaunâtre lenticulaire, et c'est dans les dernières que se trouve le silex ménilite. Nous ne connoissons aucun fosssile dans cette masse qui est la troisième des carriers.

La seconde masse ou la masse intermédiaire ne diffère de la précédente que parce que les bancs gypseux sont plus épais, que les couches marneuses y sont moins multipliées. On doit remarquer parmi ces marnes celle qui est argileuse, compacte, gris-marbrée, et qui sert de pierre à détacher. C'est principalement dans cette masse qu'on a trouvé les poissons fossiles. On n'y connoît point d'ailleurs d'autres fossiles. Mais on commence à y trouver la strontiane sulfatée; elle est en rognons épars à la partie inférieure de la marne marbrée.

La masse superficielle que les ouvriers nomment la première, est, à tous égards, la plus remarquable et la plus importante. Elle est d'ailleurs beaucoup plus puissante que les autres, puisqu'elle a dans quelques endroits jusqu'à 25 mètres d'épaisseur; elle n'est altérée que par un petit nombre de couches marneuses; et, dans quelques endroits, comme à Dammartin, à Montmorency, elle est située presque immédiatement au-dessous de la terre végétale.

Les bancs de gypse les plus inférieurs de cette première masse renferment des silex qui semblent se fondre dans la matière gypseuse et en être pénétrés. Les bancs intermédiaires se divisent naturellement en gros prismes à plusieurs pans M. Desmarest les a fort bien décrits et figurés. On les nomme les *hauts piliers;* enfin les bancs les plus supérieurs sont pénétrés de marne; ils sont peu puissans, et alternent avec des couches de marne. Il y en a ordinairement cinq qui se continuent à de grandes distances.

Mais ces faits déjà connus ne sont pas les plus importans; nous n'en parlons que pour les rappeler et mettre de l'ensemble dans notre travail. Les fossiles que renferme cette masse et ceux que contient la marne qui la recouvre, présentent des observations d'un tout autre intérêt.

C'est dans cette première masse qu'on trouve journellement les squelettes d'oiseaux et de quadrupèdes inconnus, que l'un de nous (1) a décrits en détail dans d'autres Mémoires. Au nord de Paris, ils sont dans la masse gypseuse même, ils y ont conservé de la solidité, et ne sont entourés que d'une couche très-mince de marne calcaire; mais dans les carrières du midi, ils sont souvent dans la marne qui sépare les bancs gypseux: ils ont alors une grande friabilité. Nous ne reviendrons pas sur la manière dont ils sont situés dans la masse, sur leur état de conservation, sur leurs espèces, etc; ces objets ont été suffisamment développés dans les Mémoires que nous venons de rappeler. On a aussi trouvé dans cette masse des os de tortue et des squelettes de poisson.

Mais ce qui est bien plus remarquable et beaucoup plus important par les conséquences qui en résultent, c'est qu'on y trouve, quoique très-rarement, des coquilles d'eau douce. Au reste une seule suffit pour démontrer la vérité de l'opinion de Lamanon et de quelques autres naturalistes qui pensent que les gypses de Montmartre et des autres collines du bassin de Paris, se sont cristallisés dans des lacs d'eau douce. Nous

---

(1) M. Cuvier, Annales du Muséum d'hist. nat., t.

allons rapporter dans l'instant de nouveaux faits confirmatifs de celui-ci.

Enfin cette masse supérieure est essentiellement caractérisée par la présence des squelettes de mammifères. Ces ossemens fossiles servent à la faire reconnoître lorsqu'elle est isolée; car nous n'avons jamais pu en trouver, ni constater qu'on en ait trouvé dans les masses inférieures.

Au-dessus du gypse sont placés de puissans bancs de marne tantôt calcaire, tantôt argileuse.

C'est dans les lits inférieurs et dans une marne calcaire blanche et friable qu'on a rencontré à diverses reprises des troncs de palmier pétrifiés en silex. Ils étoient couchés et d'un volume considérable. C'est dans ce même système de couche qu'on a trouvé, mais seulement à Romainville, des coquilles du genre des lymnées et des planorbes qui ne paroissent différer en rien des espèces qui vivent dans nos marres. L'un de nous a déjà communiqué à la classe ce fait intéressant. Il prouve que ces marnes sont de formation d'eau douce, commes les gypses qu'elles recouvrent.

Au-dessus de ces marnes blanches se voient encore des bancs très-nombreux et souvent puissans de marnes argileuses ou calcaires. On n'y a encore découvert aucun fossile.

On trouve ensuite un petit banc de 6 décimètres d'épaisseur d'une marne jaunâtre feuilletée qui renferme vers sa partie inférieure des rognons de strontiane sulfatée terreuse, et un peu au-dessus, un lit mince de petites tellines allongées qui sont couchées et serrées les unes contre les autres. Ce lit qui semble avoir bien peu d'importance, est remarquable, premièrement par sa grande étendue; nous l'avons observé sur un espace de plus de dix lieues de long, sur plus de quatre de large, toujours dans la même place et de la même épaisseur. Il est si mince, qu'il faut savoir exactement où on doit le chercher pour le trouver. Secondement, parce qu'il sert de limite à la formation d'eau douce, et qu'il indique le commencement subit d'une nouvelle formation marine.

En effet, toutes les coquilles qu'on rencontre au-dessus de ce lit de tellines, sont marines comme elles.

On trouve d'abord et immédiatement après, un banc puissant et constant de marne argileuse verdâtre qui, par son épaisseur, sa couleur et sa continuité, se fait reconnoître de loin. Il sert de guide pour arriver aux tellines, puisque c'est au-dessous de lui qu'on les trouve. Il ne renferme d'ailleurs aucun fossile, mais seulement des géodes argilo-calcaires et des rognons de strontiane sulfatée. Cette marne est employée dans la fabrication de la faïance grossière.

Les quatre ou cinq bancs de marne qui suivent les marnes vertes sont peu épais, et ne paroissent pas non plus contenir de fossiles; mais ces lits sont immédiatement recouverts d'une couche de marne argileuse jaune qui est pétrie de débris de coquillages marins, dont les espèces appartiennent aux genres cérites, trochus, mactres, vénus, cardium, etc. On y rencontre aussi des fragmens de palais d'une raie qui devoit être analogue à l'aigle.

Les couches de marne qui suivent celle-ci présentent presque toutes des coquilles fossiles marines, mais seulement des bivalves; et les dernières couches, celles qui sont immédiatement au-dessous du sable argileux, renferment deux banc d'huîtres assez distincts. Le premier et le plus inférieur est composé de grandes huîtres très-épaisses : quelques-unes ont plus d'un décimètre de longueur. Vient ensuite une couche de marne blanchâtre sans coquilles, puis un second banc d'huîtres très-puissant, mais subdivisé en plusieurs lits. Ces huîtres sont brunes, beaucoup plus petites et beaucoup plus minces que les précédentes. Ces derniers bancs d'huîtres sont d'une grande constance, et nous ne les avons peut-être pas vu manquer deux fois dans les nombreuses collines de gypse, que nous avons examinées. La formation gypseuse est souvent terminée par une masse plus ou moins épaisse de sable argileux qui ne renferme aucune coquille.

Telles sont les couches qui composent généralement la formation gypseuse. Nous étions tentés de la diviser en deux, et de séparer l'histoire des marnes marines du sommet de celles du gypse et des marnes d'eau douce du fond; mais les couches sont tellement semblables les unes aux autres, elles s'accompagnent si constamment, que nous avons cru devoir nous contenter d'indiquer cette division, sans la faire réellement.

Il nous reste à dire quelques mots sur les principales différences qu'offrent les collines qui appartiennent à cette formation. Les collines gypseuses forment comme une espèce de longue et large bande qui se dirige du sud-est au nord-ouest, sur une largeur de six lieues environ. Il paroît que dans cette zone il n'y a que les collines du centre qui présentent distinctement les trois masses de gypse. Celles des bords, telles que les plâtrières de Clamart, Bagneux, Antoni, le Mont-Valérien, Grisy, etc., et celles des extrémités, telles que les plâtrières de Chelles et de Triel ne possèdent qu'une masse. Cette masse nous paroît être analogue à celle que les carriers nomment la première, c'est-à-dire la plus superficielle, puisqu'on y trouve les fossiles des mammifères qui la caractérisent, et qu'on ne rencontre pas dans leurs marnes ces gros

4

et nombreux cristaux de gypse lenticulaire qu'on observe dans les marnes de la seconde et de la troisième masse.

Quelquefois les marnes du dessus manquent presque entièrement; quelquefois c'est le gypse lui-même qui manque totalement ou qui est réduit à un lit mince. Dans le premier cas, la formation est représentée par les marnes vertes accompagnées de strontiane. Les formations gypseuses du parc de Versailles, près de Saint-Cyr, celles de Viroflay, sont dans le premier cas; celles de Meudon, de Ville-d'Avray, sont dans le second cas.

Nous devons rappeler ici ce que l'un de nous a dit ailleurs(1), c'est que le terrain gypseux des environs de Paris ne peut se rapporter exactement à aucune des formations décrites par M. Werner ou par ses disciples. Nous en avons alors déduit les raisons qu'il est inutile de répéter.

Art. v. — *Formation du sable et du grès marin.*

Ce terrain est peu étendu et paroît faire suite à la formation des marnes du gypse. Nous l'y eussions même réuni, s'il les accompagnoit aussi constamment que celles-ci accompagnent le gypse, et s'il n'en étoit souvent séparé par une masse considérable de sable argileux dénué de tout fossile, et très-différent par sa nature de celui qui va nous occuper.

Ce que nous venons de dire fait voir que cette formation recouvre généralement la formation gypseuse. Elle consiste en bancs de sable siliceux souvent très-pur et souvent agglutiné en grès, qui renferme des coquilles marines très-variées, et

---

(1) Brongniart, Traité élém. de Min., t. 1, p. 177.

toutes de même espèce que celles de Grignon. Nous y avons reconnu les mêmes huîtres, les mêmes calyptrées, les mêmes tellines, les mêmes cérites. Tantôt ces coquilles existent encore et sont à l'état calcaire; tantôt il n'en reste que les empreintes ou moules extérieurs.

On trouve ces grès et sables marins au sommet de Montmartre, à Romainville, à Saint-Prix, près de Montmorency, à Longjumeau, etc. On remarque dans ces derniers des balanus fossiles.

On ne peut s'empêcher de réfléchir, en observant ces grès remplis des mêmes coquilles que celles de Grignon, aux singulières circonstances qui ont dû présider à la formation des couches que nous venons d'examiner. En reprenant les couches depuis la craie, on se représente d'abord une mer qui dépose sur son fond une masse immense de craie et des mollusques d'espèces particulières. Cette précipitation de craie et des coquilles qui l'accompagnent cesse tout-à-coup. Des couches d'une toute autre nature lui succèdent, et il ne se dépose plus que de l'argile et du sable sans aucun corps organisé. Une autre mer revient : celle-ci nourrit une prodigieuse quantité de mollusques testacés, tous différens de ceux de la craie. Elle forme sur son fond des bancs puissans, composés en grande partie des enveloppes testacées de ces mollusques; mais peu à peu cette production de coquilles diminue et cesse aussi tout-à-fait. Alors le sol se couvre d'eau douce; il se forme des couches alternatives de gypse et de marne qui enveloppent et les débris des animaux que nourrissoient ces lacs, et les ossemens de ceux qui vivoient sur leurs bords.

La mer revient une troisième fois et produit quelques espèces de coquilles bivalves et turbinées; mais bientôt cette mer ne donne plus naissance qu'à des huîtres. Enfin les productions de la seconde mer inférieure reparoissent, et on retrouve au sommet de Montmartre les mêmes coquilles qu'on a trouvées à Grignon, et dans le fond des carrières de Gentilly et de Meudon.

Art. vi. — *Formation du calcaire siliceux.*

La formation dont nous allons parler a une situation géologique parallèle, pour ainsi dire, à celle du calcaire marin. Elle n'est située ni au-dessous d'elle, ni au-dessus, mais à côté, et semble en tenir la place dans l'immense étendue de terrain qu'elle recouvre à l'est et au sud-est de Paris.

Ce terrain est placé immédiatement au-dessus des argiles plastiques. Il est formé d'assises distinctes, de calcaire tantôt tendre et blanc, tantôt gris et compact, et à grain très-fin, pénétré de silex qui s'y est infiltré dans tous les sens et dans tous les points. Comme il est souvent caverneux, ce silex, en s'infiltrant dans ces cavités, en a tapissé les parois de stalactites mamelonées, diversement colorées, ou de cristaux de quartz très-courts et presque sans prisme, mais nets et limpides. Cette disposition est très-remarquable à Champigny. Ce calcaire compacte, ainsi pénétré de silex, donne, par la cuisson, une chaux d'une très-bonne qualité.

Mais le caractère distinctif de cette formation singulière, de cette formation que personne n'avoit remarquée avant nous, quoiqu'elle couvre une étendue de terrain considérable, c'est de ne renfermer aucun fossile ni marin, ni fluviatile; du moins nous n'avons pu en découvrir aucun dans le grand nombre de places où nous l'avons examiné avec la plus scrupuleuse attention.

C'est dans ce terrain que se trouvent les pierres connues sous le nom de meulières. Ces pierres, dont l'origine, la formation, et la situation étoient obscures pour la plupart des minéralogistes, semblent être la carcasse siliceuse du calcaire siliceux. Le silex dépouillé de sa partie calcaire par une cause inconnue, a dû laisser et laisse en effet des masses poreuses, mais dures, dont les cavités renferment encore de la marne argileuse et qui ne présentent aucune trace de stratification ; nous avons fait de véritables meulières artificielles en jetant du calcaire siliceux dans de l'acide nitrique. Nous ferons connoître dans la seconde partie les divers cantons qui sont formés de ce calcaire. Nous terminerons son histoire générale en disant qu'il est souvent à nu à la surface du sol, mais que souvent aussi il est recouvert de marnes argileuses, de grès sans coquilles, et enfin de terrain d'eau douce. Telle est la structure du sol de la forêt de Fontainebleau.

Art. vii. — *Formation du grès sans coquille.*

Le grès sans coquille, dans quelque lieu qu'on le trouve, est toujours la dernière ou l'avant-dernière formation. Il recouvre constamment les autres, et n'est jamais recouvert que par la formation du terrain d'eau douce. Ses bancs sont souvent très-épais et entremêlés de bancs de sable de même nature que lui. Le sable qui supporte les bancs supérieurs, a été quelquefois entraîné par les eaux ; les bancs se sont alors rompus et ont roulé sur les flancs des collines qu'ils formoient : tels sont les grès de la forêt de Fontainebleau, ceux de Palaiseau, etc.

Non-seulement ce grès et ce sable ne contiennent point de

fossiles, mais ils sont souvent très-purs et donnent les sables estimés dans les arts, et qu'on va recueillir à Étampes, à Fontainebleau, à la butte d'Aumont, etc.

Ils sont cependant quelquefois ou altérés par un mélange d'argile, ou colorés par des oxides de fer, ou impregnés de chaux carbonatée qui les a pénétrés par infiltration lorsqu'ils sont recouverts du terrain calcaire d'eau douce ; tel est encore le cas des grès de plusieurs parties de la forêt de Fontainebleau.

Art. viii. — *Formation du terrain d'eau douce.*

Cette formation recouvre constamment toutes les autres. La roche qui en est résultée ressemble, à quelques égards, pour la structure et les autres propriétés extérieures, au calcaire siliceux, c'est-à-dire qu'elle est tantôt compacte, tantôt blanche et tendre, mais presque toujours pénétrée d'infiltration siliceuse. Le silex même tantôt opaque et jaunâtre, tantôt brun et translucide comme le silex pyromaque, remplace quelquefois complétement le calcaire; enfin cette formation donne, comme la sixième, des pierres meulières dont l'origine a une même cause.

Ce qui caractérise donc uniquement cette formation, c'est d'une part la présence de coquilles évidemment d'eau douce, et semblables en tout à celles que nous trouvons dans nos marais. Ces coquilles sont des lymnées de trois espèces et des planorbes. On trouve aussi dans cette formation des petits corps ronds et canelés, que M. de Lamarck a nommé *gyrogonites*. On n'en connoît plus l'analogue vivant; mais leur position nous apprend que le corps organisé dont ils faisoient partie vivoit dans l'eau douce.

Le second caractère de cette formation c'est la facilité qu'a le calcaire qui la compose de se délayer dans l'eau, quelque dur qu'il paroisse au moment où on le retire de la carrière. De là l'emploi considérable qu'on en fait comme marne d'engrais à Trappe près Versailles, dans la plaine de Gonesse et dans toute la Beauce.

Nous rapportons à cette formation, mais avec un peu d'incertitude les sables des hauteurs qui renferment des bois et des parties de végétaux changées en silex. Nous avons été portés à faire cette réunion par l'observation des bois et des végétaux silicifiés qu'on trouve vers le sommet des collines de Lonjumeau. Le même sable qui renferme ces végétaux, renferme aussi des silex remplis de gros lymnées et des planorbes.

Le terrain d'eau douce, quoique toujours superficiel, se trouve dans toutes les situations, mais cependant plutôt vers le sommet des collines et sur les grands plateaux, que dans le fond des vallées. S'il existe dans ces derniers lieux, il a été recouvert par le sol qui constitue la neuvième et dernière formation. D'ailleurs il est extrêmement commun partout aux environs de Paris, et probablement à des distances beaucoup plus grandes que celles où nous avons été. Il nous paroît étonnant, d'après cela, que si peu de naturalistes y aient fait attention : nous ne connoissons que M. Coupé qui en ait fait mention.

La présence de ce terrain suppose dans les eaux douces qui existoient alors des propriétés que nous ne retrouvons plus dans celles que nous connoissons actuellement. Les eaux de nos marais, de nos étangs, de nos lacs ne déposent que du limon friable. On n'a remarqué dans aucune d'elles la propriété que possédoient les eaux douces de l'ancien monde de former des dépôts épais de calcaire jaunâtre et dur, de marnes blanches et de silex souvent très-homogène, enveloppant tous les débris des corps organisés qui vivoient dans ces eaux, et les ramenant même à la nature siliceuse et calcaire de leur enveloppe.

Art. ix. — *Formation du limon d'atterrissement.*

Ne sachant comment désigner cette formation, nous lui avons donné le nom de *limon*, qui indique un mélange de matières déposées par les eaux douces. En effet, le limon d'atterrissement est composé de sable de toutes les couleurs, de marne, d'argile, ou même du mélange de ces trois matières imprégné de carbone, ce qui lui donne un aspect brun et même noir. Il contient des cailloux roulés; mais ce qui le caractérise plus particulièrement, ce sont les débris des grands corps organisés qu'on y observe. C'est dans cette formation qu'on trouve de gros troncs d'arbres, des ossemens d'éléphans, de bœufs, d'antilopes et d'autres grands mammifères.

C'est aussi à cette formation qu'appartiennent les dépôts de cailloux roulés du fond des vallées, et probablement aussi ceux de quelques plateaux, tels que le Bois de Boulogne, la plaine de Nanterre à Chatou, certaines parties de la forêt de Saint-Germain, etc.

Le limon d'atterrissement ne se trouve pas seulement dans le fond des vallées actuellement existantes, il a couvert des vallées ou des excavations qui depuis ont été remplies. On peut observer cette disposition dans la tranchée profonde qu'on a faite près de Séran pour y faire passer le canal de l'Ourque. Cette tranchée a fait voir la coupe d'une ancienne cavité remplie des matières qui composent le limon d'atterrissement, et c'est dans cette espèce de fond de marais qu'on a trouvé des os d'éléphans et de gros troncs d'arbres.

C'est à l'existence de ces débris de corps organisés qui ne sont pas encore entièrement décomposés, qu'on doit attribuer les émanations dangereuses et souvent pestilentielles qui se dégagent de ces terres lorsqu'on les remue pour la première fois après cette longue suite de siècles qui s'est écoulée depuis leurs dépôts; car il en est de cette formation qui paroît si moderne, comme de toutes celles que nous venons d'examiner. Quoique très-moderne en comparaison des autres, elle est encore antérieure aux temps historiques, et on peut dire que le limon de l'ancien monde ne ressemble en rien à celui du monde actuel, puisque les bois et les animaux qu'on y trouve sont entièrement différens, non-seulement des animaux des contrées où on les trouve déposés, mais encore de tous ceux qu'on connoît jusqu'à présent.

www.ingramcontent.com/pod-product-compliance
Lightning Source LLC
Chambersburg PA
CBHW060907050426
42453CB00010B/1594